Inhalt

Radio-Frequenz-Identifikation (RFID)

Kernthesen

Beitrag

Fallbeispiele

Weiterführende Literatur

Impressum

Radio-Frequenz-Identifikation (RFID)

I.Zeilhofer-Ficker

Kernthesen

- Experten gehen davon aus, dass die Radio-Frequenz-Identifikations-Technik langfristig den Barcode als Waren-Identifizierungsmittel ablösen wird. (1)
- Technisch ist die Identifikation mittels RFID durch alle Stationen der Supply Chain bereits möglich und erprobt.
- Stolpersteine für den zukünftigen Masseneinsatz sind (noch) zu hoher Preis und das Fehlen weltweit gültiger Standards. (4)
- RFID an jeder Verkaufsverpackung in Kombination mit Internet-Datenbanken als Datenspeicher wird durch die Auto-ID-

Initiative erprobt. (1), (7)
- In Verbindung mit Softwareagenten erwartet man davon eine Revolution in der gesamten Konsumgüterwelt, der Logistik und der Produktion.

Beitrag

Experten sind sich einig: die Waren-Identifizierungs-Methode der Zukunft ist die Funkfrequenz-Erkennung oder auch Radio-Frequenz-Identifikation (RFID). Von den vielfältigen Möglichkeiten mit RFID erwartet man eine Revolution in der Logistik und Produktion, vor allem aber im weltweiten Konsumgüterhandel.

In Cambridge wurde ein Demonstrationszentrum des Auto-ID Centers eröffnet. Hier kann man nun eine RFID-gesteuerte Produktion live erleben. Das Auto-ID Center ist ein Konsortium internationaler Handelsunternehmen und Konsumgüterhersteller, das in Zusammenarbeit mit dem MIT in Boston, der Uni von Adelaide, der Universität von Cambridge, EAN und UCC sowie potenziellen Lieferanten den Einsatz der RFID-Technologie in Logistik-, Produktions- und Handelsprozessen standardisieren, testen und vorantreiben möchte. (1), (7)

RFID - Was ist das?

Heutiger Einsatz

Die RFID-Technologie an sich ist keine neue Technologie. Bereits seit über zehn Jahren wird die Funkfrequenz-Erkennung zum Beispiel als elektronische Wegfahrsperre in Autos, als Diebstahlsicherung in Kaufhäusern, für die Tieridentifikation und als Zahlungsmittel im öffentlichen Nahverkehr oder für Mautstraßen eingesetzt. (2) Der Skifahrer schätzt die Technologie weil die elektronische Liftkarte zur Fahrtfreigabe nicht mehr umständlich aus dem Anorak gefischt und in ein Lesegerät gesteckt werden muss. (4)

Die Technik

Die Radiofrequenz-Identifizierung (RFID) funktioniert durch die Kombination eines Transponders mit einer Schreib-Leseeinheit. Der RFID-Transponder ist ein kleiner Chip mit Antenne, der in Papier, Kunststoff, Keramik oder Glas verpackt sein kann. Sie werden mittlerweile äußerst flach, d. h. in Stärken im Mikrometerbereich hergestellt. Mit Hilfe der "Fluidic

Self Assembly"-Technik kann der RFID-Chip auf 350 µm2 reduziert werden. Sind diese Mini-Transponder in Folie eingebettet, spricht man dabei von "Smart Labels" oder Tags. (2), (3)

Passive Transponder besitzen keine eigene Stromversorgung. Die Speicherkapazitäten betragen bis zu 32 kbit. Die Transponder enthalten einen fälschungssicheren Code, mit dem sie identifiziert werden, Schreib-Lese- oder Multipage-Versionen können mit weiteren Identifizierungs- und anderen Daten beschrieben werden, die jederzeit bis zu 100 000 mal gelöscht oder geändert werden können. Die Datensicherheit wir durch die Möglichkeit des Sperrens bestimmter Aufzeichnungen gegen Zugriff hergestellt. (2), (3), (5)

Passiert ein Transponder ein Schreib-Lese-Gerät, erhält er einen kurzen Energie-Impuls. Mit dieser Energie funkt der Transponder seine Daten an die Schreib-Lese-Station, die sie liest und eventuell an eine Datenbank oder einen PC zur Verarbeitung weitergibt. (2)

Vorteile gegenüber Barcode

Anders als beim Barcode-Verfahren erfolgt das

Erkennen des RFID-Transponders auch ohnie Sichtkontakt, d. h. der Abstand zwischen Chip und Lesegerät kann bis zu 1,5 m betragen. Ein noch größerer Vorteil ist die multiple Lesbarkeit, die auch Antikollision genannt wird. Mit diesem Verfahren können bis zu 50 Transpondersignale gleichzeitig empfangen, gelesen und verarbeitet werden. Wenn also beispielsweise ein Gabelstapler mit 10 RFID-bestückten Kartons, eine Schreib-Lese-Station passiert, werden die Daten aller 10 Einheiten automatisch gelesen und verbucht. (5)

Transponder können so eingebettet werden, dass sie gegen Hitze, Kälte und Feuchtigkeit unempfindlich sind und chemischen und mechanischen Prozessen widerstehen. In der Automobilbranche sind z. B. Transponder im Einsatz, die das wiederholte Durchlaufen eines Gelierofens bei 200 Grad C problemlos überstehen. In der Bekleidungsindustrie werden Transponder verwendet, denen auch häufiges Waschen, Reinigen oder Bügeln nichts ausmacht. Nur beim Anbringen auf Metall muss auf eine Trennschicht geachtet werden. Spezielle "on Metal-Label" sind mit dieser Trennschicht bereits versehen. (5)

RFID Anwendungen

In der Logistik

Standardisierte Mehrwegbehälter oder Paletten sind aus dem Transport- und Verteilungsprozess von Produkten und Waren nicht mehr wegzudenken. Sind diese Behälter mit RFID-Technologie ausgestattet, ist eine zuverlässige und lückenlose Rückverfolgbarkeit der Warenströme jederzeit möglich. (6) Durch die dezentrale Speicherung von relevanten Daten direkt am Behälter kann auf eine aufwändige Rechnerebene verzichtet werden, Fehler trächtige, manuelle Eingaben entfallen. Die Einlagerung, Kommissionierung und der Transport können weitgehend automatisiert durchgeführt werden. Vorausgesetzt der Spediteur und der Kunde verfügen ebenfalls über entsprechende Schreib-Lese-Geräte, kann der gesamte Transportweg unternehmensübergreifend verfolgt und dokumentiert, der Wareneingang beim Kunden durch das Funksignal gebucht werden. Der gesamte Warenfluss ist durchgehend transparent. (3)

In der Produktion

Der oben geschilderte Ablauf kann sich in der Produktion fortsetzen. Das RF-Identifikationssystem stellt die direkte Verbindung zwischen dem Werkstück und der Steuerung des jeweiligen Arbeitsplatzes her. Am Werkstückträger montiert und mit den entsprechenden Verarbeitungsdaten "gefüttert" gibt der Transponder an jeder Bearbeitungsstation diese Daten über das Schreib-Lese-Gerät ab. Von dort werden sie an die entsprechende Steuerungseinheit des Arbeitsplatzes weitergeleitet und in Arbeitsschritte umgesetzt. Nach Beendigung des Arbeitsganges werden die relevanten Informationen auf den Chip zurück geschrieben und der Produktionsprozess fortgesetzt. Der große Vorteil dieses Systems ist dabei die automatische Synchronisation von Material- und Datenfluss. Da alle relevanten Parameter, in manchen Fällen sogar Steuerungsprogramme am Werkstückträger direkt mitgeführt werden, verringert sich der Kommunikationsaufwand zwischen den einzelnen Automatisierungsstationen ganz erheblich. (8)

Im Handel

Eine Revolution erwartet man sich durch den flächendeckenden Einsatz der RFID-Technologie im Handel. Berührungs- und bargeldloser Checkout ohne Kassen oder Kassiererinnen, die Fernkontrolle von Haltbarkeitsdaten, korrekte Lager- und

Regalbestandsdaten zu jeder Zeit, verbunden mit dem automatisierten Abruf von Waren im Zentrallager oder beim Hersteller. Mit Hilfe von RFID sind all diese Dinge technisch bereits möglich, noch ist der Preis der Smart Labels aber zu hoch für den Masseneinsatz im Supermarkt. (9)

Auto-ID - Konsortium zum Entwickeln von Standards und technischen Lösungen

Die beiden Haupthindernisse für den Masseneinsatz von RFID sind der Mangel an weltweiten Standards sowie der noch hohe Preis der RFID-Etiketten im Vergleich zum Barcode. Das Auto-ID Konsortium hat sich zum Ziel gesetzt, diese Schwierigkeiten aus dem Weg zu räumen. Beim Auto-ID Geschäftsmodell werden RFID-Tags mit dem "electronic Product Code (ePC)", dem Internet-Register ONS (Object Naming Service) und der Produktbeschreibungssprache PML (Product Markup Language) verbunden. Der ePC ist ein eindeutiger Nummerncode der dem Transponder auf der Handelsware, z. B. einer Saftflasche zugeordnet ist. Im Internet gibt es dazu die Produktbeschreibung, die mit den weiteren Daten aus dem Lebenszyklus des Produktes fortgeschrieben werden. So kann der gesamte Weg von der Produktion über Spediteur, Distributionszenturm, Supermarkt bis ins Regal und weiter bis zum Checkout an der Kasse lückenlos verfolgt und ausgewertet werden. (1), (7), (9)

Die Möglichkeiten zur Rationalisierung von Logistikabläufen, der Bestandskontrolle und - optimierung in den Lägern und am Point of Sale, des Auspreisens sowie von Rückrufaktionen sind vielfältig. Ganz nebenbei kann dabei auch die Diebstahlssicherung sowie die Fälschungssicherung mit durchgeführt werden.

Namhafte Sponsoren

Das Auto-ID Center wird gesponsort von namhaften internationalen Handelskonzernen wie Wal-Mart, Metro, Tesco, Target und Home Depot sowie von den großen der Konsumgüterindustrie wie Procter & Gamble, Gilette, Kraft, Unilever, Johnson & Johnson, Coca-Cola, Kimberly Clark, Kodak und Philip Morris. Als Technik-Partner engagieren sich unter anderem SAP, Intel, Siemens, NCR, Sun und Symbol für die Initiative. Wissenschaftliche Träger sind das MIT in Boston, die Uni von Adelaide/Australien und das Institut for Manufacturing der Universität Cambridge. Mit diesen hochkarätigen Förderern der

Initiative ist anzunehmen, dass die entwickelten Standards wie ePC oder ONS schon bald weltweit Anerkennung und Verbreitung finden werden. (1), (9), (10)

Technische Lösungen in der Erprobung

Die technische Lösung einer RFID-gesteuerten Produktion kann mittlerweile im Demonstrationszentrum des Auto-ID Center in Cambridge im Einsatz gesehen werden. (1) Fast alle namhaften Automobilproduzenten steuern ihre Logistikprozesse über RFID. Im Konsumgüterbereich wird die Technik noch vom hohen Preis der "Aufkleber" von ca. 50 US-Cent gebremst. 1 bis 2 US-Cent dürfte der Preis höchstens sein, um die Einbindung aller Produkte wirtschaftlich zu rechtfertigen. (4)

Im April haben die Metro AG mit Intel und SAP eine Kooperation geschlossen, um RFID-Lösungen schneller und zu akzeptablen Kosten auf den Markt zu bringen. SAP liefert die Erfahrung mit der Funk-Frequenz-Erkennung in ihrer Supply-Chain Management Lösung, Intel testet die Anforderungen an die notwendige Computer-Hardware aus. (4), (10)

Die von SAP durchgeführte Verbindung die RFID-Technologie mit adaptiven Softwareagenten der BiosGroup hilft, die entstehende Datenflut zu kanalisieren und auszuwerten. Automatische Benachrichtigungen werden ausgelöst, wenn Abweichungen oder Auffälligkeiten auftreten. Beispielsweise wird ein Alarm ausgelöst, wenn das Mindest-Haltbarkeitsdatum erreicht ist oder Lieferengpässe für ein spezielles Produkt erkennbar sind. SAP stellte im Frühsommer einen Prototyp dieser Lösung vor. (10), (11)

Fallbeispiele

Einige der bekanntesten RFID-Anbieter sind AEG Identifikationssysteme, Checkpoint Systems, Infineon, Philips, Psion Teklogix, Smartec, Schreiner Logi Data, Siemens, STMicroelectronics, Texas Instruments und X-Ident. (3)

Für die Implementierung von ganzheitlichen Lösungen ist es sinnvoll, die Unterstützung eines erfahrenen Systemhauses einzuholen. Erfahrung und Referenzen bieten beispielsweise die Firma NewTec

Automatisierung & Service, München oder die Tricon Consulting GmbH & Co. KG, Traun, Österreich. Im Logistikbereich ist die Firma Craemer mit der Firma Schreiner eine Kooperation eingegangen, um vielfältigste Paletten-Lösungen mit RFID anzubieten. (13)

Die Transponder so klein wie möglich zu gestalten, ist vor allem im Konsumgüterbereich ein wichtiges Kriterium. Die kalifornische Firma Alien hat den RFID-Chip über die Fluidic Self-Assembly-Technik auf 350 µm2 verkleinert, die US-Firma Sarnoff hat mittlerweile einen Transponder entwickelt, der nur noch 250 Mikrometer misst. (2), (12)

Da diese Mini-Chips problemlos in Ettikettenmaterial eingebettet werden können, bieten auch viele Etikettenhersteller wie Tesa, Herma oder Stielow mittlerweile Smart Labels an.

Bargeldloses Checkout will der US-amerikanische Ahold-Konzern in seinen Stop&Shop Geschäften testen. Es wird dafür das RFID-System "SpeedPass" verwendet, das bereits von Exxon Mobil an Tankstellen und als Test in einigen McDonalds Filialen eingesetzt wurde. (14) Der erste RFID-Store - eine Filiale des italienischen Luxusgüter-Retailers Prada - existiert übrigens bereits in New York.

Das Auto-ID Modell wird in den USA von Wal-Mart gemeinsam mit Procter & Gamble getestet. In je zwei Verteilzentren und Wal-Mart-Filialen laufen die Versuche mit der Transponder Technologie und der SAP-Software-Lösung. Auch bei Metro in Deutschland sollen ähnliche Tests im Rahmen des Projekts "Future Store" demnächst anlaufen. (10)

Weiterführende Literatur

(1) Radiofrequenztechnik: Revolution der Lieferkette aus Lebensmittel Zeitung 29 vom 19.07.2002 Seite 025

(2) Transponder: Texas Instruments setzt auf breite Produktpalette - RFID als Wachstumsmotor, Markt und Technik, Heft 22/2002, S. 32
aus Lebensmittel Zeitung 29 vom 19.07.2002 Seite 025

(3) Schuldes, Michael, IT im Handel/Radio Frequency Identification (RFID) zeichnet alles auf - Transponder machen Warenfluss transparent, Computerwoche vom 02.08.2002, Nr. 31, S. 36
aus Lebensmittel Zeitung 29 vom 19.07.2002 Seite 025

(4) Ludsteck, Walter, Mini-Chips sorgen für Durchblick im Handel, Süddeutsche Zeitung vom 29.07.2002, Ausgabe Deutschland, S. 21
aus Lebensmittel Zeitung 29 vom 19.07.2002 Seite 025

(5) Ident.de - Zeit zur Nabelschau, Logistik heute,

Heft 6/2002, S. 54
aus Lebensmittel Zeitung 29 vom 19.07.2002 Seite 025

(6) Berührungslose und unkomplizierte Erfassung des gesamten Materialflusses, Distribution, Heft 6, 2002, S. 29
aus Lebensmittel Zeitung 29 vom 19.07.2002 Seite 025

(7) http://www.autoidcenter.org - Technology
aus Lebensmittel Zeitung 29 vom 19.07.2002 Seite 025

(8) http://www.ad.siemens.de/moby - Anwendungsbeispiele
aus Lebensmittel Zeitung 29 vom 19.07.2002 Seite 025

(9) Mehr als Science Fiction
aus Lebensmittel Zeitung 24 vom 14.06.2002 Seite 002

(10) Wal-Mart testet Transponder-Einsatz
aus Lebensmittel Zeitung 24 vom 14.06.2002 Seite 025

(11) Funkfrequenz-Erkennung, Druckausgabe via Adobe, neue Benutzeroberfläche für CRM - SAPs technische Innovationen liegen im Detail, Computerwoche vom 21.06.2002, Nr. 25, S. 20
aus Lebensmittel Zeitung 24 vom 14.06.2002 Seite 025

(12) Minisender zur Identifizierung, Welt am Sonntag, Jg. 53, 02.06.2002, Nr. 22, S. 41
aus Lebensmittel Zeitung 24 vom 14.06.2002 Seite 025

(13) Palette serienmäßig mit Transponder, Distribution, Heft 6, 2002, S. 32

aus Lebensmittel Zeitung 24 vom 14.06.2002 Seite 025

(14) Ahold testet RFID-Checkout
aus Lebensmittel Zeitung 29 vom 19.07.2002 Seite 025

Impressum

Radio-Frequenz-Identifikation (RFID)

Bibliografische Information der deutschen Nationalbibliothek

Die Deutsche Nationalbibliothek verzeichnet diese Publikation in der deutschen Nationalbibliografie; detaillierte bibliografische Daten sind im Internet über http://dnb.d-nb.de abrufbar.

ISBN: 978-3-7379-0844-3

© 2015 GBI-Genios Deutsche Wirtschaftsdatenbank GmbH, Freischützstraße 96, 81927 München, www.genios.de

Alle Rechte vorbehalten. Dieses Werk ist einschließlich aller seiner Teile – z.B. Texte, Tabellen und Grafiken - urheberrechtlich geschützt. Jede Verwertung außerhalb der Grenzen des Urheberrechtsgesetzes bedarf der vorherigen Zustimmung des Verlags. Dies gilt insbesondere auch für auszugsweise Nachdrucke, fotomechanische Vervielfältigungen (Fotokopie/Mikroskopie), Übersetzungen, Auswertungen durch Datenbanken oder ähnliche Einrichtungen und die Einspeicherung und Verarbeitung in elektronischen Systemen.